AF563088

Actualité Politique

*Lettre à M****

PAR CH. RICHELET

LE MANS

IMPRIMERIE DE GALLIENNE, RUE DE LA PAILLE, 10

PARIS

LOUIS LABBÉ, LIBRAIRE

Rue Saint-André-des-Arts, 51

1849

Le Mans, Imprimerie de GALLIENNE.

IMPRIMERIE

DE

GALLIENNE,

AU MANS,

(Sarthe).

Bulletin de dépot.

1	Actualité Politique lettre à M... par Ch. Richelet	
2	Numéro de la déclaration. . . .	605
3	Numéro du récépissé de la déclaration.	
4	Nombre d'exemplaires.	3000
5	Nombre de volumes par exemplaires.	
6	Nombre de feuilles d'impression par volume.	1/2
7	Format de l'édition. . , ...	in 16
8	Prix particulier de l'ouvrage. . .	

Au Mans, le 8 mars 1849

E. Gallienne

Bon pour récépissé,

Au Mans, le 18

Le Préfet,

IMPRIMERIE
DE
GALLIENNE,
AU MANS,
(Sarthe).

N° 605
D'INSCRIPTION
DU REGISTRE.

Bulletin de déclaration.

Je soussigné, déclare être dans l'intention d'imprimer un ouvrage ayant pour titre : Actualité Politique — Lettre à M.. par Ch. Richelet.

lequel je me propose de tirer à 5000 exemplaires 1 volume , format in-16 d une 1/2 feuilles d'impression.

Le Mans, le 8 mars 1849

E. Gallienne

Vu et enregistré sous le N° du registre de la Préfecture.

Au Mans, le 18

Le Préfet,

ACTUALITÉ POLITIQUE

*Lettre à M****

Vous me demandez mon opinion, Monsieur, sur certains points de notre position politique actuelle, je vais vous la dire avec toute la sincérité que vous vous êtes souvent plu à me reconnaître.

Si les Diplomates se font un devoir de ne pas toujours parler et agir avec franchise, il n'est, dans aucun cas, permis à personne de faire défaut à la loyauté. On nous a donné la République quand ni vous, ni moi, ni les trois quarts et demi de la France nous ne la désirions, le fait est vrai, mais nous l'avons acceptée en nommant une Assemblée chargée d'élaborer une Constitution, nous avons accepté la Constitution en élisant un Président, au nom glorieux duquel se sont rattachés six millions de suffrages ; vouloir remettre aujourd'hui en question la Constitution, et par là même la République, serait, n'en doutez pas, sinon un défaut de loyauté, du moins une très-grave imprudence.

Le parti de l'ordre, Dieu merci, se présente, en France, en immense majorité ; il a triomphé de l'anarchie dans des circonstances difficiles et il serait capable de lutter encore avec avantage si la chose devenait nécessaire, cependant il convient, pour l'avenir, de ne plus le laisser exposé à être surpris par un coup de main, ce qui arriverait infailliblement, j'en suis convaincu, si on ne s'efforçait d'apporter peu à peu de nombreuses et sérieuses modifications au système gouvernemental que nous a légué la monarchie.

La monarchie constitutionnelle, établie sur les bases d'une démocratie boiteuse et d'une aristocratie sans prestige, a toujours eu la malencontreuse pensée de vouloir, comme les monarchies absolues, concentrer sur un seul point tous les pouvoirs de l'Etat ; cette marche, incompatible avec ses institutions, devait, un jour ou l'autre, la conduire d'erreurs en erreurs à sa ruine, après avoir mis le pays à deux doigts de sa perte.

Déjà la Restauration, en suivant la même voie, avait succombé sous le souffle de l'émeute, bien qu'elle eût pour elle un principe contre lequel il est sans doute permis de protester, mais qui tient de si près au droit de propriété qu'on ne peut attaquer l'un sans porter à l'autre les plus rudes atteintes.

Instruite par l'expérience du passé, la Monarchie de Juillet eut le tort de ne pas se mettre en garde contre l'insurrection à laquelle elle devait son origine, et de vouloir voguer à pleines voiles dans les eaux de la centralisation, où, malgré la prospérité dont elle avait fait jouir la France, elle devait tôt ou tard aller se perdre corps et biens.

Cet abus de la centralisation ne nous a pas seulement été funeste dans les circonstances présentes, il a dès longtemps préparé le mauvais état de nos finances, mis des obstacles aux progrès de notre agriculture, détourné de l'industrie et du commerce ses principaux éléments de vitalité, détruit l'esprit public, compromis la morale, et mis la corruption à l'ordre du jour ; c'est ce que je me charge de développer dans un ouvrage dont vous me permettrez de vous envoyer prochainement un exemplaire.

Sous une monarchie absolue, les ministres ont une seule pensée, celle de plaire au prince dont ils ont obtenu la faveur. Sous un gouvernement représentatif, comme nous l'avait fait la Monarchie constitutionnelle, il ne suffisait plus de plaire au prince, il fallait obtenir la majorité dans la chambre élective, ou succomber à la peine. De là des efforts inouis, des préoccupations incessantes pour se concilier cette majorité; de là des abus sans nombre, des concessions de toute nature. On n'avait pas sitôt satisfait les exigences des électeurs influents, des électeurs privilégiés, qu'il fallait combler les ambitions particulières des élus et répondre aux sollicitations de leurs protégés. Les places disponibles étaient bientôt envahies, on se trouvait dans l'obligation d'en créer de nouvelles ; on les a doublées, triplées, quadruplées, de sorte que les affaires administratives, entravées plutôt qu'activées par cette multitude de rouages, ont fini par avoir la plus lente solution.

Les circonstances présentes nous forcent à avoir une armée nombreuse, au détriment de notre pauvre budget, toutefois cette armée est temporaire, demain il sera facile de la réduire de moitié, mais nous avons à côté de cette armée active, une autre armée bureaucratique permanente, appelée l'Administration de la guerre, qu'on ne réduit jamais, qui compte pour une large part dans les dépenses, et dont on pourrait en grande partie se passer, sans nuire le moins du monde à la défense de nos frontières.

Nous avons une marine modeste, trop modeste même pour la France, avec ses trois mers, ses quatre cents lieues de côtes, mais en revanche nous avons une administration de la marine qui suffirait pour réglementer toutes les flottes des grandes puissances de l'Europe.

La *fonctionomanie* est passée dans nos mœurs à l'état de fièvre continue; il semble que le gouvernement a pour unique mission d'entretenir les grandes, les moyennes et les minimes intelligences à griffonner du papier. Il n'est pas de père de famille qui ne demande à l'Etat une place pour chacun de ses enfants. On est arrivé ainsi, sans s'en douter, à mettre en action un des principes du communisme. On prend d'une main dans la poche des contribuables, pour verser de l'autre dans la poche des fonctionnaires publics, seulement cette distribution n'est pas toujours faite avec la plus scrupuleuse équité, car les plus laborieux ne sont pas ordinairement les mieux rétribués.

Lorsque je me suis élevé, peut-être un des premiers après la révolution de 1848, contre l'injustice, les erreurs et les dangers de la centralisation, assurément je n'ai jamais songé à attaquer l'unité politique, l'unité législative, l'unité même administrative, cette trilogie d'unités à laquelle la France doit sa grandeur et sa puissance et que nous envient avec raison toutes les nations étrangères. Mais de cette unité si désirable à la dangereuse concentration du pouvoir exécutif entre les mains d'un seul homme, qu'il s'appelle empereur, roi ou président, dès que son trône ou son fauteuil reposent sur des bases où la Démocratie a le droit de mettre la main, il y a un monde tout entier. Quand la monarchie de droit divin se présentait la tête ceinte d'une auréole inviolable devant laquelle s'humiliaient avec respect ses ennemis les plus acharnés, un prince absolu pouvait dire, sinon avec justice, du moins sans danger de succomber sous les coups d'une émeute partielle : *la France, c'est moi.*

Sous un gouvernement constitutionnel et démocratique , où tout prestige a disparu , il n'en est pas ainsi. L'expérience du passé doit nous avoir suffisamment instruits. Laisser encore la société sans moyens de résistance contre les surprises de l'insurrection, la laisser sans cesse exposée à des bouleversements nouveaux, serait le comble de l'imprévoyance. Les garanties que la société est en droit de demander , elle les trouvera en grande partie dans la décentralisation administrative. La décentralisation administrative portera nécessairement un rude coup à la bureaucratie, elle simplifiera tous les rouages de la machine gouvernementale, elle ramènera la vie dans les départemens qui ne seront plus traités en provinces conquises, comme le disait, dès 1823, Paul-Louis Courrier, avec une juste appréciation de l'avenir; elle portera un remède à la manie des places; elle fera renaître l'esprit public. Avec la décentralisation, nos villes ne seront plus considérées comme de grandes fermes, nos villages comme des métairies , bonnes tout au plus à payer des impôts; les parisiens en prenant le chemin de fer pour se rendre à Orléans ou à Tours, ne seront plus en droit de dire, avec une bonhomie sans pareille, mais à un certain point justifiée, je vais passer un jour à la campagne.

La décentralisation, comme je l'entends, Monsieur, n'est autre chose que la mise en action sincère du gouvernement du pays par le pays. Cette réforme du système administratif n'apportera, en réalité, aucune modification dans la puissance du Chef de l'Etat, elle affermira au contraire son autorité, elle étendra sur tout le sol de la France un rempart derrière lequel il pourra se retrancher contre les attaques d'une opposition malveillante, un rempart où ne pourront l'atteindre les coups imprévus de l'émeute. Chef de la force publique, il sera le protecteur de nos institutions et les rênes du gouvernement, maintenues de toutes parts avec ensemble par une foule de mains sur lesquelles il lui suffira de porter une surveillance attentive de direction, ne pourront plus lui être escamotées, au nom de la France, par quelques aventuriers inexpérimentés. Les mandataires de la nation, expression sincère de ses vœux, ne craindront plus de se voir brutalement renverser, sans avoir à opposer un moyen de résistance, car ils pourraient aller, sans aucun inconvénient, établir leur siège à Strasbourg ou à Marseille aussi bien qu'à Paris. A la vérité les Ministres y perdront une grande partie de leur influence, leur rôle sera réduit à celui de simples directeurs généraux, ils n'auront plus les moyens de former entre eux une véritable oligarchie. Les révolutionnaires deviendront impuissants en face de cette immense division du pouvoir administratif. La presse parisienne se verra enlever une partie de son importance qui rejaillira naturellement sur la presse provinciale.

Dès lors il ne faut pas se le dissimuler, la réforme administrative ne s'introduira pas sans luttes, et elle aura contre elle de rudes joûteurs, une alliance monstrueuse, pour ainsi dire, des républicains de la Montagne, des hauts fonctionnaires publics de l'Etat, des élèves de l'école doctrinaire, des organes de l'opinion publique à Paris, car pas un seul que je sache, si j'en excepte le journal le ***Pays***, n'a jusqu'ici servi d'écho aux réclamations nombreuses et réitérées des journaux de la province ; mais elle triomphera néanmoins, dans un délai plus ou moins rapproché, j'en ai la conviction la plus intime.

Quand le peuple aura compris que là seulement se trouve, par suite d'économies bien entendues, un remède efficace au rétablissement de ses finances délabrées ; quand il aura compris que là se trouve pour lui une certitude de résistance légale aux révolutions qu'on lui impose et qui le ruinent ; quand il aura compris que là se trouve uniquement pour l'avenir la possibilité d'alléger ses énormes impôts, devenus la véritable plaie de l'agriculture et de l'industrie ; quand il aura compris que le systême centralisateur détourne de ces deux mères nourricières du pays les bras, les intelligences et surtout les capitaux, si nécessaires à leur prospérité, pour leur faire de temps en temps, sous un semblant de protection, une légère aumône, qui n'est autre chose qu'une restitution sans importance, par les mains de fonctionnaires richement rétribués, alors il fera entendre sa voix puissante et l'on sera bien obligé d'obéir aux ordres du souverain.

Mais il ne s'agit pas d'introduire ces améliorations en un seul jour, il ne s'agit pas de briser immédiatement des positions acquises, il ne s'agit pas de détruire sans réflexion pour réédifier d'un seul jet ; c'est à l'Assemblée nationale à étudier cette question importante et à lui donner graduellement tous les développements dont elle est susceptibles. *Nec natura aut lex operantur per saltum.*

Maintenant, Monsieur, j'entends de tous côtés les voix former un concert unanime de ces deux mots UNION, CONCILIATION, et moi aussi je me joins à elles et je m'empresse de répéter, avec une conviction profonde, ces deux mots que je voudrais voir aussi sincèrement empreints dans tous les cœurs que je lès entends hautement prononcer par toutes les bouches. Et moi aussi je veux l'union et la conciliation, mais je les veux entières, je les veux sans restriction mentale. Je veux une conciliation où chaque parti ne cherche pas à travailler au bénéfice de sa cause, une conciliation de l'ordre contre l'anarchie, une conciliation où tous les sentiments particuliers viennent se réunir, comme dans l'élection du 10 décembre. Je redoute à un degré presque semblable les réactionnaires et les révolutionnaires, les uns veulent retourner trop vite sur leurs pas sans songer aux écueils qui les ont fait succomber, les autres veulent marcher trop vite en avant, sans penser que le progrès est lent de sa nature et qu'il ne peut être profitable s'il n'est basé sur l'expérience.

En dehors de la République, acceptée de gré ou de force, en dehors de la Constitution bonne ou mauvaise, en dehors du Président qui les consacre l'une et l'autre, toute conciliation loyale, pour le moment, me paraît impossible, toute arrière pensée me paraît coupable, tout moyen déclinatoire serait évidemment fatal à la France.

Le parti de l'ordre, en France, se résume, à quelques honorables exceptions près, dans une seule opinion sous le rapport de la forme gouvernementale, cette forme, je ne crains pas de le dire, c'est celle de la monarchie, mais en dehors de ce principe, il se divise en trois grandes fractions plus ou moins puissantes quant au nombre. Une d'elles même, presque inaperçue, il y a peu de temps encore, s'est considérablement fortifiée depuis quelques mois au détriment des deux autres. Si, sous un semblant de conciliation, ces trois fractions voulaient travailler immédiatement au triomphe de leurs idées particulières, elles entreraient sans nul doute dans une voie funeste, car la division ne tarderait pas à se mettre au camp des alliés, et cette division tournerait alors au profit d'une cause défendue par une infime minorité, mais que son énergie et sa persévérance ne permettent pas de considérer sans inquiétudes. Je le répète donc de nouveau, toute question d'intérêt personnel, toute question de triomphe de parti, serait un acte très-coupable, quand il s'agit d'exposer le salut du pays.

Je le dis aux hommes d'ordre qui veulent la paix, la grandeur et la prospérité de la France, si, abusant d'un esprit de réaction intempestive, ils étaient disposés à laisser compromettre la République au bénéfice d'une royauté quelconque, du moins avant que la République n'ait fait disparaître les abus de la Monarchie et établi une espèce d'assurance mutuelle contre les chances de l'insurrection, je ne crains pas de le leur dire, sans m'exposer à passer pour un faux prophète, avant dix ans nous aurions succombé de nouveau sous la coalition de l'anarchie, avant dix ans nous aurions encore mis en question l'avenir de la société et compromis sans doute pour longtemps la civilisation.

J'ai l'honneur d'être, etc.

4 mars 1849.

www.ingramcontent.com/pod-product-compliance
Lightning Source LLC
LaVergne TN
LVHW010257230826
846091LV00007B/3023

* 9 7 8 2 0 1 2 4 5 9 4 7 2 *